मेरे शहर का मौसम

प्रकृति, प्रेम और भावनाओं का यथार्थ चित्रण

Ritu Mishra pandey "Mausam"

BookLeaf Publishing
India | USA | UK

Made with ❤ on the BookLeaf Publishing Platform
www.bookleafpub.in
www.bookleafpub.com

Dedication

माँ सरस्वती की कृपा सदैव बनी रहे, जिनकी कृपा से मैंने एक छोटी सी कोशिश को अपने भावनाओं को शब्दों में पिरोने की। "मेरे शहर का मौसम" केवल एक किताब ही नहीं बल्कि, भावनाओं की वह डोर है जो अवश्य मेरे पाठकों को बाँध सकने में सफल होगी। यह किताब समर्पित है एक स्त्री के कोमल मनोभावों को जिसे वह खामोशी से महसूस करती हैं।

यह काव्य संग्रह समर्पित है उन अनकहे लम्हों, बीते मौसमों, और उन अपनों के नाम जिन्होंने मेरी कविता को जीने की वजह दी।

यह काव्य संग्रह समर्पित है मेरे शहर(प्रयागराज) को जहाँ पहली बार शब्दों ने दिल की आवाज़ सुनी, और उन लोगों को जिन्होंने हर मौसम को एक कविता बना दिया।

यह काव्य संग्रह मेरे माता-पिता, मेरे स्वर्गीय श्वसुर जी,मेरे प्यारे मित्रों,और हर उस आत्मा को समर्पित है जो भावनाओं की भाषा समझते हैं।

और अन्त में...

"मेरे शहर का मौसम"

उन यादों को समर्पित है

जो समय के साथ धुंधली तो हुईं,

पर कविता बनकर अमर हो गईं।

Preface

" ***मेरे शहर का मौसम*** " - यह केवल मौसमों की बात नहीं करता, यह उन अनकहे एहसासों की अभिव्यक्ति है जो प्रेम, प्रकृति, यथार्थ, स्मृतियों और मानवीय भावनाओं के रंगों में डूबे हुए हैं।यह स्त्री विमर्श तथा स्त्री मनोभावों को भी वयक्त करता एक मखमली यथार्थ सा एहसास है जो जिंदगी की शुष्कता को निश्चय ही नम कर देगा।
यह काव्य-संग्रह मेरे अंतर्मन की उन हलचलों का परिणाम है जिन्हें शब्दों में ढालना कभी आसान नहीं था। इन कविताओं में कभी कोई प्रिय की यादें हैं, कभी जीवन के कठोर यथार्थ का सामना, कभी प्रकृति की कोमलता, और कहीं-कहीं आत्ममंथन का मौन संवाद।
हर कविता एक प्रयास है – आपको उस शहर की गलियों में ले जाने का, जहाँ भावनाएँ मौसम की तरह बदलती हैं, और हर कोना कोई न कोई स्मृति सँजोए होता है।
यह संग्रह उन सभी पाठकों को समर्पित है जो दिल से महसूस करते हैं, सोचते हैं, और जीवन को उसकी समग्रता में जीना चाहते हैं।

–ऋतु मिश्रा पांडे "मौसम"

Acknowledgements

"मेरे शहर का मौसम" काव्य-संग्रह का आकार लेना मेरे लिए एक भावनात्मक यात्रा रही है, जिसमें कई लोगों का प्रत्यक्ष और अप्रत्यक्ष सहयोग रहा।

सबसे पहले, मैं अपने माता-पिता का आभार व्यक्त करती हूँ, जिनके विश्वास और संस्कारों ने मुझे शब्दों की दुनिया में स्वच्छंद उड़ान दी। मेरे स्वर्गीय नाना जी जिनके सानिध्य में मेरी पहली कलम यात्रा शुरू हुयी उनका हृदयतल से आभार उनका आशीर्वाद सदैव बना रहे। मेरे जीवन साथी जिनके सहयोग और प्रोत्साहन के बिना सब कुछ असम्भव था। मेरे भाई - बहन जिन्होने मुझे प्रेरणा दी उनका आभार। मेरे गुरुजनों और मित्रों का धन्यवाद, जिन्होंने न केवल मेरी रचनाओं को पढ़ा, बल्कि उन्हें निखारने की प्रेरणा भी दी।

विशेष धन्यवाद उन सभी पाठकों का, जिन्होंने मुझे लिखते रहने का उत्साह दिया, और उन संवेदनशील आत्माओं का, जो हर कविता में अपने भाव खोज लेते हैं।

मैं प्रकृति, प्रेम, स्मृतियों और यथार्थ को भी धन्यवाद देना चाहती हूँ यही तो मेरे शब्दों की असली प्रेरणा रहे हैं।

अंत में, मैं अपने *"शहर"* का धन्यवाद करती हूँ — वही शहर जिसकी हर गली, हर मौसम, हर खामोशी इस संग्रह की आत्मा है।

इसके साथ ही बुक लीफ प्रकाशन का हृदय तल से आभार जिन्होंने नवांगुत कवियों को प्रोत्साहित किया और यह अवसर प्रदान किया।

–ऋतु मिश्रा पांडे "मौसम"

1. मेरे शहर का मौसम [भाग - १]

मेरे शहर का मौसम
मुझे अच्छा लगता है
यहां की मिट्टी में सोंधापन सा है
बारिश के बाद धुली सी सड़कें,
पत्ते और कलियाँ सब कुछ नया सा है।

भीगे से मौसम में पकौड़ी
और कुलहड़ में चाय
अपने देश की मिट्टी को
चूमने का एहसास
मुझे अच्छा लगता है..
मेरे शहर का मौसम
मुझे अच्छा लगता है।

आसमान में उमड़ते बादल
जैसे खुशियों का आलिंगन,
ठंडी हवा के झोंके
लाते हैं सन्नाटे में गुनगुन।

हर एक गली में छुपी हैं यादें,

घुट्टी हुई हैं बचपन की बातें,
इस मौसम की हर एक बूँद में
है मेरे शहर की अभिलाषाएँ

मेरे शहर के मौसम से
मैं हर दिन फिर मिलती हूँ,
लेते हैं हम सांसें साथ-साथ,
और जिंदगी की राह पर चलती हूँ...।

2. मेरे शहर का मौसम [भाग - २]

मेरे शहर के मौसम में अब वो बात कहां...
अपने ही मन की बात कहती अब वो रात कहां...
यहाँ की सड़कों में विरानापन सा है..
कुळहड की चाय में अब वो मिठास कहां..
बारिश के बाद की धुली सड़कों में वो सोंधापन कहां ...
पत्तियों से झरके जो बूंदे अक्सर..
मेरे छज्जे पर पनाह लेती थीं..
अब उन बूंदो को उस छज्जे की याद कहां...
मेरे शहर के मौसम में अब वो बात कहां...
चलता-फिरता सा मेरा शहर अब थम सा गया है।
खामोशी से लिपटी हैं दीवारें भी यहाँ,
खिड़कियाँ गूंगी, सपने अधूरे रह गए।
गगन में ढलते सूरज की लालिमा के संग,
वो हंसती मुस्कान अब कहीं खो गए।
चमकती हुई चांदनी का वो आलिंगन कहां
गूंजती हैं परछाइयाँ, और सूना वों आंगन
कोने में बैठा एक अर्ध -निद्रा सा साया,
उसके संग खोई हुई निर्जन सी काया
अब छलकती खुशियों की रीत कहां...
बिसरे सब गीत अब पहले सा मीत कहां

मेरे शहर के मौसम में अब वो बात कहाँ
अपने ही मन की बात कहती अब वो रात कहां...।

3. एक शहर में एक शहर बसता है "कुम्भ नगरी प्रयाग"

एक शहर में एक शहर बसता है
जब प्रयाग में माघ मेला लगता है।
ठंड और कोहरे का फैल जाता है कहर
जल उठते हैं अलाव यहां चारों पहर।
संगम की रेत पर दिव्य ज्योति जल उठी
बिछ गयें पुआल, धरती सोंधी महक उठी।
जगमग दीप में चाँद गगन में जल गया
भोर की ओट से सूरज मगन, पिघल गया।

गड़ गये तंबू विस्तृत, देखो छा गयें अखाड़े
शंख ध्वनि नाद में बहे गंग-धार बज गये नगाड़े।
संस्कृति कला का संगम अनुपम सज गया
श्रध्दालुओं की भीड़ से पवित्र संगम पट गया।
सदैव से यहां होता है संगम धर्म और अर्थ का
तन से मन का सत्य से भ्रम का कार्य से समर्थ का।
परदेशी विहंग से पट गया आसमान सारा
झूमे मन जब देखे यह अनुपम नैसर्गिक नज़ारा।

झूले और शिल्प हाट से सज गया मैदान सारा
हर्षोल्लास से मन हुआ विभोर, मलंग बंजारा।
देखकर विहंगम दृश्य प्रयाग संगम तट का
बचपना चहक गया, युवा मन फिर बहक गया।
भक्तिभाव में एकाग्रचित मन कर तपस्वी लीन हुये
इक्कीसवीं सदी में भी तपस्वी मनस्वी यहीं मिले।
यहां संगम है मन का, छोड़कर जाति भेद सारे
पावन धरती पर मिलने आये लाखों जन भेद बिसारें।

धूप की किरणों से जब धरती सजी,
आस्था की गूंज में भगवान भी हंसे।
हर चहरे पर उमंग, हर दिल में हैं धाराएँ,
संगम की लहरों में जैसे सजे हैं सपने सच्चे।
तीर्थराज की गोद में, प्रेम का हर झोंका,
स्नेह और भक्ति में घुलता हर एक छलका।
चलते जो संग संग, मुस्कान लिए जिएं,
इस संगम के तट पर जीवन का उत्सव जीएं।

4. प्रकृति के सानिध्य में

जब जीवन से थक कर,
मन हुआ व्याकुल जीवन पथ पर।
थकी हारी मैं, क्लांत सी
मुरझाए पुष्प म्लान सी।

जा पहुंची प्रकृति के समीप,
भूलकर सारे विषाद
बैठी उस हरे वृक्ष के नीचे
मिटते मन के अवसाद।

उसकी छांव में,
खुद को जीवंत पाया
लहराती हवाओं ने
मुझे झूम के सहलाया।

डूबते सूरज, की लालिमा
पक्षियों के कलरव
कलकल सी बहती नदियां
हर्षित मन मनाये उत्सव।

जैसे बरसों से खोये बालक को
प्रकृति, मां समरूप मिले
या बिछड़ा मनमीत कोई
ढल सके जो मुझमे,मेरे अनुरूप खिले।

साँसों में उसके गूंजे सुनहरे गीत
हर कली स्पंदित छेड़े नया संगीत।
चूम लूं मैं धरती को, करूँ उसे प्रणाम,
उस लम्हें में बसी ,सृष्टि की सुहानी शाम।

चन्द्र सी छटा बिखेरती कहानी,तारे बने गवाह
प्रकृति मुझसे बोले,मैं सुनूँ,करू उसकी परवाह।
हर कदम पर संग उसका,जैसे कोई मीत
जीवन की इस माया में,पा लिया संगीत।

5. तुम बसंत सी

तुम बसंत सी स्वर्णिम सम्मोहन लिए
और पतझड़ की शाम हो।

फरवरी की गुनगुनी धूप लिए
इक गुलाबी नर्म एहसास हो।

जनवरी की ठिठुरती सर्द में
कड़कड़ाती अदरक की चाय हो।

तपते जून की दोपहरी में
सोंधी पहली बारिश की फुहार हो।

बीतते सितंबर में, खुशनुमा सी
बदलते मौसम का आगाज़ हो।

सुबह की पहली किरण लियें
मेरे जीवन में सिंदूरी शाम हो।

मैं क्या हूं, जो भी हूं तुमसे हूं
प्रकृति में समायी हर रुप में ढलती

मां, मै तुम्हारा ही प्रतिकार हूं।

6. सुनो! स्त्रियों

स्त्रियों तुम धूप सी तो
कभी छांव सी हो जाना
कभी सख़्त तो कभी नर्म सी
ठहरे से गगन में विचर
कभी मेघ बन बरस जाना।

पर तुम ना भूलना अपने
आपकों, अपने सपनों
अपने ख़्वाब को
इन बरसतें मेंघ में
अपने ख्वाहिशों की
कश्ती बना, ढूढ़ लेना
स्वयं को..।

सुनो! स्त्रियों
तुम ना जलना उजियारे
का दीप बन..
ना जलाना चिराग़ो में
अपनी इच्छाओं को
अपने स्व को अपने स्वाभिमान को

तुम जलाना चिराग़ो को
अपने दृढ़ संकल्प
मजबूत इरादों से
और मिटा देना
अपने जीवन के
घिरते अंधियारे को।

हां तुम्हें बनाने है
अपने टूटे सपनों के महल
जहां रह देख सकों तुम
अपने मन दर्पण को
और पहचान सकों
अपने अस्तित्व अपने
होने के वज़ूद को।

7. मैं, मैं नहीं रही

मै,, मै नहीं रही
जब तुम्हारे प्रेम में
अंकुरित हुयी..
मै त्वरित बहती गयी
निर्झर, बन सरस सा
झरती गयी..
मै प्रणय कुंज में
बन कुवलय प्रतिपल
मलय सुगंध बिखेरती रही..
मै बन परिधि
अनुरक्त अवलंब सी
प्रतिबिंब तुम्हारा बनती गयी..
लेकिन.. तुम,, तुम ही रहे
पुरूषत्व प्रगल्भ का
दंभ लिये पुश्कल पुंज में
नित निरन्तर जलते रहे..
आखिर तुम तुम ही रहे।

8. पहली बारिश की बूंद

पहली बारिश की बूंदो से
मिट्टी की खुश्बू मे
कुछ बात हुई!

आज फिर अवनी शरमा के
सिमट सी गई...
बरसों से तरसती अवनी ने
झूम के आँचल लहराया!
पत्तों, कलियो, और छज्जों से
गिरती बूंदो से...
अपना आँचल सजाया!
चटक धानी रंग ओढ़
सोंधी ख़ुश्बू संग श्रृंगार रचाया।

आज फिर...
उमड़ते-घुमड़ते बादलों में
शिकायत सी हुई!
मौसम ने ली करवट
कुछ आहट सी हुई!
मुस्कुरा के आसामां ने

रूठी धरती से कहा;
मेरी बूंदों को देकर पनाह
फ़िर क्यों हो तन्हा..?

समेट लो मुझे ऐसे कि
जीवन का मलय से
मिलन हो जैसे.... ।

9. दफ़्न है कितनी मुमताज़ यहां

दफ़्न है,

कितनी मुमताज़ यहां
इन जिंदा कब्र गाहो में!

मौन सिसकियाँ लेती..
निशिथ रथ में पल्लवित
पारिजात सा झर जातीं।

अन्तस की अनंत अनल में
नित् निरंतर दहती
बन पषाण, लहु सा बहती।

आकांक्षाओं के नभ में
कल्पित, कल्पतरु सा बनतीं ।
तरु बिन आधार
स्तंभित स्थूल रूप धरती।

नाहक मुस्कान भरे अधरों से
नित् स्व निर्वाण करती।
शिलाखंड में सजके..

या शिला प्रस्तर बन के!

कभी अहिल्या सी राह में
किसी कुरबान गाह में
तो कभी मुमताज़ सी बिछती..!!!

10. देह से परे..

देह से परे भी;
होती है स्त्रियां
हे पुरुष!
कभी देखना तुम
अपने संवेदनाओं को समेट
जब वो सवांरती है
खुद को जीवंत करती है
आईने में..
तुम्हारें होने के वज़ूद को
पनपने देतीं हैं स्वयं मे
नौ माह पोषित कर तुम्हें
इक नया जन्म लेती हैं

देह से परे भी होतीं है स्त्रियां
हे पुरूष! कभी देखना तुम
अपने पुरूषत्व दंभ को मिटा
जब बन के फूल तुम्हारी बगियां में
खिलखिलाती है,
जब बनके नववधु तुम्हारे आंगन में
स्तंभित हो सदा मुस्कुराती है

कभी संबल बन तुम्हारें स्याह पथ में
हमसफ़र बन जाती है।
तो बांध बंधन
विश्वास का बहन कहलाती हैं।

तब देह से परे होती है स्त्रियां
कभी झाँकना तुम पुरुष!
मनों विकारों को त्यज
गैर निर्भया, के जीवंत आंखों में
दूढ़ लेना, उन स्त्रियों को
जो होती है सचमुच तुम्हारें लियें
देह से परे!

11. अब सुता सुरक्षित कहां

मत बनाओ
बेटियों को
चारू चंद्र
सा शीतल।

कह रही
मन की व्यथा
अब सूता
सुरक्षित कहा?

बेड़ियाँ दो काट
अब...
मिटे तिमिर
खिले ख्वाब सब।

बना दो नव सृजित
तपता सा दिनकर
गिरे दृष्टि जो
उसपर,।

गिरी नज़र
फ़िर..
तप जाये..
कलयुगी दानव
जल जाये..।

अमानवता के
अग्नि कुंड में
मानवता फ़िर
जी जाये...।

12. मैंने डूबने दिया आफताब को

मैंने डूबने दिया आफ़ताब को
अपने ही हथेलियों पर
बहने दिया अपने आंसुओ को..
और ख़ुद को हलकान कर
एक ख़ाली मकान बन गई।

मैंने बहा दिया समुंदर में
अपने सारे रंज और ग़म को...
और ख़ुद हो गई सवार,
लिए जीवन पतवार
एक किनारे की आंस में,
खुद एक आसमान बन गई।

मैंने बिखरने दिया खुद को..
सारी उदासियों को पैरहन में लपेट
जर्रा - जर्रा ख़ाक में मिला दिया
सिर्फ़..उम्मीदों के सौ गुल खिलाने को
एक बागवां बन गई।

मैंने मुरझाने दिया गुलों को..

उजड़ने दिया अपने ही लगाए बाग को
मौसम ए बहार में..
ताकि सब खत्म कर
सुकूं की दुआं पढ़ सकूं
अपने-आप में शिफां बन गई।

हाँ, मै हूं कायल...
अपने हथेली के
इस डूबते आफ़ताब की
जो ख़ुद ब ख़ुद डूबा कर
अंधेरों में अपने वज़ूद को
देता है रोशनी सितारों और उस महताब को..।

हां, ऐसी ही रौशनाई में
जगमगाना हैं मुझे,
मेरी किस्मत का आफताब बन के
मुझे बहारों की आमदीं की उज़लत नहीं...
ऐ खुदा! बख़्श पुरसुकूं,कर नवाज़िश!
खिजां में ही गुल बन खिला करूं
फिजां में बहार बन महका करुं।

13. मेरे जीवन का बसंत

मुझे नहीं पूछना है
जीवन से हर बार
कि; प्रेम में, प्रतीक्षा,धैर्य में,
हर बदलती ऋतुओं से
कब जायेगा पतझड़?
कब खिलेगा मेरे जीवन का बसंत?
हां, मुझे नही पूछना है!

मैं खिला लूँगी बसंत
अपने जीवन में!
फ़िर चाहें उजाड़ पतझड़,
और शुष्क ठिठुरती सर्द हों
उगा लूँगी अपनी हथेलियों पर
पीली चटक बासंतिक धूप
पनपने दूंगी नव आशाओं की दूब।

खिलने दूंगी हरश्रंगार को
ताकि झर जाये लोभ,
मोह, ईर्ष्या और इप्सा
इक बसंत की चाह में

मै नहीं मुरझाने दूंगी
जीवंत पतझड़ को
जिसने जीवित किया
जिजीविषा को

मेरे अंर्तमन में!

14. किसी रोते बच्चे को हंसाया जाए

चलो फिर..

किसी रोते बच्चे को हँसाया जाए
चमकते सपने आँखों में भरकर
उनकी तितली सी खुशियों को उड़ाया जाए।

खुशियों के बाग से
थोड़ी सी बहार लाकर
खिलखिलाते चेहरे पर
फूलों की खुशबू बिखेरा जाए।

किसी अंधेरे मोड़ पर
आशाओं का दीप जलाया जाए,
उनकी मुस्कान में
सपनों का रागकार बनके गाया जाए।

चलो फिर..
किसी भूखे को खाना खिलाया जाए,
भले ही दिल में हो थोड़ी थकान,
प्रेम की एक झलक देकर

झिलमिलाते सपनों की दुनिया दिखाया जाए।

चलो किसी फिर किसी रोते बच्चे को
हँसाया जाए,
चंद किताबें हाथ में दे कर
चमकता ध्रुव तारा बनाया जाए।

15. विगलित होते अरमान

अपने सारे विगलित अरमानों
एहसासों
उम्मीदों, ख्वाबों
और सपनों
को ताक पर रखकर
एक आग जला आई हूं।

उन जले एहसासों
अरमानों, सपनों
उम्मीदों और ख्वाबों की
बची राख उठा लाई हूँ।

वक्त की शाख पर
उस जली राख में
का एक नया बीज
रोप आई हूँ..।

हां, उन घुटन भरे हालातों को
उन विगलित होते एहसासों को
इस अनन्त क्षितिज में डुबो

एक नये पौध को बो
एक नई उड़ान भरने को
इस विस्तृत गगन में
अपने नयें अरमानों को जगा
नये पंख लगा आयी हूँ।

एक नये युग
एक नये अरमान
एक नये आसमान में
एक नई रोशनी
सुनहरी धूप की
अपने जीवन में एक नया सूरज
उगा आई हूँ..।

16. कलयुगी विश्वास

कलयुगी विश्वास होते है अंधे
ओढ़ के मुखौटे ये देते है कंधे।

आसानी से जड़े जमा, मजबूत बनते
अन्दर से खोखले,बाहर नीर सा बहते।

कलुषित मन लिये रिश्तों को डसते
मर्यादाओं को तोड़ते ,बेजार सा लगते।

संस्कारो की मिथ्या चादर लपेटे,
अपनों व अपने वजूद को भी छलते।

हमारे बीच ही आसानी से ही पलते
ये कलयुगी क्षीण से अमर्यादित होते रिश्ते।

17. झूठे रिश्तें

टूटी हुई दरारों से अब आसमान दिखता है
वो घर, घर नहीं अब आलीशान मकान दिखता है।

सिसकियाँ सुन के कभी दीवारें बोलती थीं।
आज चीखनें पर भी ना ईमान डोलता हैं,

ज़र्रा - ज़र्रा टूटती रही नींव की वो पहली ईट
खोखली नीयत ओढ़े यहां इन्सान बिकता हैं।

दर्पण में चहरे की परछाई अब बेगानी है,
जब सच से मुँह मोड़, वह आईना देखता हैं।

खुद की तलाश में अब वो राह भटकता
गुमनाम सी सांसे,दो वक़्त रोटी के लिए लड़ता हैं।

झूठे रिश्तों के भंवर में,उलझा वो शख़्स इस क़दर
हर 'मौसम' वो बिखर ख़ुद की पहचान ढूंढता है।

18. मानसून से लगते हो तुम

मानसून से लगते हो तुम कभी
जो अनायास ही बरस जाते हो
तो कभी जेंठ के तपते रेत सा
हाथों से फिसल जातें हो।
कभी बंसत सा खिल, मन को रिझातें हो
तो कभी पतझड़ बन, बिछड़े मीत बन जाते हो।

हां तुम अजनबी से लगते हो कभी...
जब पतंगे सा अलमस्त हो, अपने पुरुषत्व पर इतराते हो...
तो कभी पतंग की डोर बन मेरी उँगलियों से
लिपट जाते हो...।

हां तुम अजनबी से लगते हो कभी..
जब मै श्वेत कहतीं तो तुम श्याम लिखते हो
जब इमली कहूं तो तुम आम लिखते हो
कितना मुश्किल है तुम्हें पढ़ पाना
जूझलाते हुए मेरा, पांव पटक कर
तुमसे झिड़क जाना..
और फिर मुस्कुरा कर मोम की तरह पिघल
प्रेम की स्याही मे डूबें एहसासों का ख़त लिख जाना।

तुम ही तो हो जो कभी
जेष्ठ की तपन
सर्दी की ठिठुरन..
कभी अमरबेल से उलझे
तो अमलतास से सुलझे लगते हो..
हां..
मानसून से लगते हो तुम कभी
जो अनायास ही बरस मेरे हृदय कोष में
नित्य निरंतर दीपक राग सुनाते हो..।

19. आज भी याद है मुझको

आज भी याद है मुझको
सोनजुही के पुष्प में से
कनखियों से तुम्हारा देखना
वो नजरों से तुम्हारा छूना।

वो पहलें प्रेम की पहली बारिशे
वो निश्छल नेह बरसाती आंखे
वो पूर्ण समर्पण की अधूरी ख्वाहिशें।
आज भी याद है मुझको।

वो पावस मधुर मधुमास की रातें
अपलक दृष्टि सिमटती सी सांसे
वो शख़्स मैने जिया था जिसको
आज भी याद है मुझको।

लो आज फिर ओढ़ स्मृतियों का वसन
खिलखिलाते मेरे गेसुओं में यादों के रंग
कुछ धूप यादों के चुराने दो
उस ढलती शाम को हकीक़त में रंगने दो।

हां आज भी याद है मुझको
इक पौधा, अधूरे बेजुबां इश्क का
मौन अधरों पर बसा नाम राधेकृष्ण सा
आज भी याद है मुझको।

20. मां! तुम कवच हो

माँ! तुम कवच हो मेरे जीवन का
मेरे हाथ में बंधी रुप मौली का !
तो कभी माथे पर लगी रोली सा
जितनी भी प्रार्थनाएँ सुनी गई वो तुम हो।

मेरे हजारों सवालों का जवाब
मेरी सारी उत्सुकताओ का हल तुम!
बचपन में, जब चोट लगती तो सहलाती
जब रोती तो सीने से लगाती तुम।

मेरी झुकी पलकों में मेरे दर्द को
आंखों से महसूसने वाली तुम!
बिन मेरे कहे, हर बला की नजरें
राई, मे समेट जलाने वालीं तुम।

स्नेह तुम्हारा अनंत विस्तृत नभ सा
धैर्य, समुद्र के गहरे तल सा!
तुम श्रम शक्ति की मूर्ति देवी
मेरी भूख प्यास मिटा अमृत बरसाती तुम।

तुम्हारा होना ही, जीवन को स्वर्ग बनाता
तुम्हारे आंचल में हर संताप मिट जाता!
सारे संसार का दुख एक बार मिट जाता
जो तुम्हारा हाथ मेरे सर को सहलाता।

तुम्हारे सोने से घर सो जाता
तुम्हारे जगने से घर चहचहाता!
जो तुम ना होती तो दिन और रात
सूरज और चांद का भेद कौन बताता।

तुम निश्चय ही धरती पर उपस्थित
अरबो सौरमंडल की धुरी पृथ्वी हो!
जो अपने अक्ष पर परिक्रमण करती
सौर ऊर्जा को संचालित कर जीवन देती हो।

21. पिता

पिता!
जैसे कठोर आवरण में
छिपा एक मृदुल एहसास
जैसे जीवन की शुष्कता में
पल्लवित नेह बौछार।

जैसे अनुशासित मार्ग पर
खिलता पुष्प कचनार
जैसे गरजता मेघ,
फिर बरसती निश्चल फुहार।

जैसे तपते से मरू में
घिरता मधुमास
जैसे दहकते अनल में पकता स्वर्ण ।

जैसे अचल पर्वत से निकलता नद
जैसे घने तिमिर में उगता अंशुमान।
मां है दिन, पिता है
वर्षों का संघर्ष और सम्मान।

पिता!
जैसे जर्जर चट्टानों में
बसी हो हर एक संवेदनाएँ,
जैसे झिलमिल तारे गगन में,
बुनते अनगिनत कहानियाँ।

जैसे कर्तव्य की वेदना में
सपने उठा, लौ की तरह जलते
पिता की मेहनत का हर कण,
निर्माण करे विश्व का स्वप्न से पलते।

जैसे ठंडी छांव में सुकून,
सपनों की कोमल परछाई,
पिता आत्मविश्वास की मूरत,
जीवन की संवेदना और शहनाई

मां कुटुंब, पिता पाटन सा
दिखता खुला आसमान
पिता है शिवशम्भू!
नित करते विषपान!
ह्रदय पाहुन बिछा
जीते है भविष्य,
खोते वर्तमान।

22. तुम्हारे जाने के बाद

तुम्हारे जाने पर
सब कुछ वैसा ही था
जैसा आज,
वही शाम, वही लोग
वही शोर..
शाम का कोलाहल
घर लौटते परिन्दे
कलियों का खिलना
सूरज का निकलना
शाम का ढलना
फिर रोज की तरह
चांद का मेरी
खिड़की पर निकलना
वहीं बारिश से भीगी
मिट्टी की खुश्बू
वहीं पतझड़, बसंत
सर्द हवाओं में
गिरती ओस की बूँदें
कुछ भी नहीं बदला
तुम्हारे जाने के बाद

बदली है तो सिर्फ़
मेरे अंतस की व्यथा
जो कभी बहती थीं
लहरों में तेरे साथ
कभी ख्वाब तो कभी
हकीकत सा लगता
ना जाने क्यों अब
खामोश सा रहता है
मेरा मन अब खामोशियां
चुनता है,
तुम्हारे जाने पर बस!!
इतना सा बदला है..!

23. अकेलापन

कभी यू ही अकेले में मुस्कराने से
अचानक से अपने होने का एहसास जाग जाता है
ये अकेलापन भी कितना सुकूं दे जाता है।

मुझे पसंद है ये एकांत
जहां मै और मेरे ख़्वाब पनपते है
जब स्वयं से हुयी मुलाकातों में हजारों गुल खिलते हैं।

कोई चांद हासिल की ख़्वाहिश नहीं
बस पांव जमीन पर जमे हो
और हौसला इतना कि इस विस्तृत नभ से भी परे हो।

कोई सुने या ना सुने कोई शिकवा नहीं
ये बेज़ुबान कलम स्वतः ही सुन लेती है
निर्जीव मन सजीव हो उठता है जब शब्द आकार लेते हैं।

24. मेरे बिखरे एहसास

मेरे बिखरे एहसासों को
जो तेरी नज़रों ने पनाह दी
वो सिमटे इस कदर के
अल्फाज़ बन गयें।
फ़िर कोरे अल्फाजों में
ज़ज्बातों को खिलखिलाने की
वजह दी...
और तुम खास बन गयें।

फ़िर तुम्हारी नज़रें
खामोशियां चुनती...
मैं पल-पल उन
खामोशियों की चादर बुनती।
चांद को सिरहाने रख,
सूरज की आहट सुनती।

उम्मीदों की छांव में फ़िर,
बादलों की धूप छटती।
एक रात सी जिंदगी,
बिन तुम्हारे सौ बरस सी कटती।

तेरे दीदार की चाहत में,
हर सुबह एक नई दुआ सी बसती।
तेरे बिन हर खुशबू अधूरी,
जैसे फुलों की रंगत बिन बहार सी लगती

जब भी यादों की किताब खोलूं,
हर पन्ने पर तेरा ही नाम लिखती।
तू पास हो, तो वक्त थम जाए,
तुझमें ही मेरी दुनिया,
हर लम्हा, हर सांस सी कटती।

25. तुम्हें जाना था!

तुम्हें जाना था!
तो यू ही चले जाते
जैसे दिन ढलता है
जैसे सूरज उगता है
जैसे कालियां खिलती है
जैसे बादल घिरतें है
जैसे मौसम बदला है
जैसे मोम पिघलता है
जैसे आहिस्ता-आहिस्ता
कोई हरा पेड़ सूखता है
तुम ऐसे क्यों नहीं गये?
यू अचानक से तुम्हारा जाना
खल गया!
अनायास ही चले जाने पर भी
तुम मेरी जिंदगी से..
कभी जा नही पाओगे...!

www.ingramcontent.com/pod-product-compliance
Lightning Source LLC
LaVergne TN
LVHW020002181026
850499LV00041B/1726
* 9 7 8 9 3 7 1 5 6 2 6 2 1 *